A CAMINHO!

Dados Internacionais de Catalogação na Publicação (CIP)
(Câmara Brasileira do Livro, SP, Brasil)

Leloup, Jean-Yves
   A caminho! : o espírito e a prática das Bem-aventuranças / Jean-Yves Leloup ; tradução de Karin Andrea de Guise. – Petrópolis, RJ : Vozes, 2022.

   Título original: Va!
   ISBN 978-65-5713-300-2

   1. Bem-aventuranças 2. Bem-aventuranças – Crítica, interpretação etc. 3. Bem-aventuranças – Meditações I. Título.

21-86829   CDD-226.9306

Índices para catálogo sistemático:
1. Bem-aventuranças : Interpretação e crítica :
      Evangelhos   226.9306

Cibele Maria Dias – Bibliotecária – CRB-8/9427

Jean-Yves Leloup

A CAMINHO!
O espírito e a prática das Bem-aventuranças

Tradução de Karin Andrea de Guise

Petrópolis

© Presses du Châtelet, 2019

Tradução realizada a partir do original em francês intitulado
Va! L'esprit et la pratique des Béatitudes

Direitos de publicação em língua portuguesa – Brasil:
2022, Editora Vozes Ltda.
Rua Frei Luís, 100
25689-900 Petrópolis, RJ
www.vozes.com.br
Brasil

Todos os direitos reservados. Nenhuma parte desta obra poderá ser reproduzida ou transmitida por qualquer forma e/ou quaisquer meios (eletrônico ou mecânico, incluindo fotocópia e gravação) ou arquivada em qualquer sistema ou banco de dados sem permissão escrita da editora.

CONSELHO EDITORIAL

Diretor
Gilberto Gonçalves Garcia

Editores
Aline dos Santos Carneiro
Edrian Josué Pasini
Marilac Loraine Oleniki
Welder Lancieri Marchini

Conselheiros
Francisco Morás
Ludovico Garmus
Teobaldo Heidemann
Volney J. Berkenbrock

Secretário executivo
Leonardo A.R.T. dos Santos

Editoração: Maria da Conceição B. de Sousa
Diagramação: Sheilandre Desenv. Gráfico
Revisão gráfica: Nilton Braz da Rocha
Capa: Ygor Moretti

ISBN 978-65-5713-300-2 (Brasil)
ISBN 978-2-8459-2782-7 (França)

Este livro foi composto e impresso pela Editora Vozes Ltda.

Sumário

Introdução, 7

Em marcha!, 15

As Bem-aventuranças, 29

1 Em marcha os humilhados do sopro, porque deles é o Reino dos Céus, 31
2 Em marcha aqueles que estão de luto, porque eles serão reconfortados, 37
3 Em marcha os humildes, porque eles herdarão a terra, 41
4 Em marcha os que têm fome e sede de justiça, porque eles serão satisfeitos, 45
5 Em marcha os corações puros, porque eles verão a YHWH/Elohim, 49
6 Em marcha os matriciais, porque eles se tornarão matrizes, 53
7 Em marcha aqueles que fazem a paz, porque eles serão reconhecidos como filhos de YHWH/Elohim, 57

8 Em marcha os perseguidos pela justiça, porque o Céu e seu Reino serão deles, 61

Métanoia e metamorphosis – O caminho das Bem-aventuranças, 65

Anexo – O Decálogo, uma arte de fazer a paz, 77

Introdução

HÁ QUATRO DÉCADAS EU TRADUZI, junto com André Chouraqui[1], a primeira palavra das Bem-aventuranças por *em marcha*. Nós não podíamos imaginar que algum dia essas palavras se tornariam o nome de um partido político[2]. – *Em marcha*, em direção a quê? Em direção a quem?

Consequentemente, o título inicial desta pequena obra – *Em marcha* – não pôde mais ser utilizado. Portanto, nós escolhemos *A caminho*.

Um velho sábio chinês dizia que essa é a essência do Tao. Essa é também a palavra dita por Yeshua quando Ele coloca de pé o homem e a mulher que caíram, que estão parados no caminho.

---

1. O franco-israelense Nathan André Chouraqui (1917-2007) foi advogado, escritor e político (ele chegou a ser prefeito de Jerusalém), conhecido pela sua tradução da Bíblia cuja publicação, a partir dos anos de 1970, deu um tom diferente à leitura do Livro sagrado [N.T.].

2. *En marche!* é um partido político social-liberal francês fundado em 2016 por Emmanuel Macron, então Ministro da Economia e da Indústria. *En marche* (em marcha, a caminho) transmite a ideia de algo que se coloca em movimento [N.T.].

A caminho, vá além, dê *um passo a mais – ultreia*, diziam os peregrinos de Compostela –, dê um passo além daquilo que nos faz obstáculo (*shatan* em hebraico), daquilo que nos distrai, desvia ou trava o desejo pelo Infinito que nos atravessa e que apenas Ele pode preencher. Podemos ficar parados sobre uma imagem, sobre memórias, sofrimentos, impasses, identificações etc.

Como nos levantar "setenta vezes sete" e nos recolocar no eixo, no caminho, em marcha?

André Chouraqui nos lembra que "a primeira palavra do Sermão da Montanha constitui, nas traduções, o principal obstáculo à compreensão da mensagem de Yeshua".

Makarioi é a palavra grega para *bem-aventurado*, e essa palavra orienta os comentaristas, logo de início, a uma pista falsa: as *Beatitudes* ou *Bem-aventuranças* são supostamente adquiridas desde o início; no entanto, elas só estarão em plenitude no Reino de Deus. Ora, Yeshua não diz *makarioi*, mas *ashrei* (se aceitarmos que Ele fala hebraico ao invés de grego), exclamação no plural construída por uma raiz, *ashar*, que não implica a ideia de uma vaga felicidade, mas de uma *retidão*, a do *homem direito, em marcha, a caminho*, rumo a e em presença de YHWH, o Ser que é o que Ele é e que faz ser tudo aquilo que é: essa presença que, na linguagem dos evangelhos, nós chamamos de *Reino* ou o *Reino de Deus*. Os antigos indicaram que esse Reino ou essa presença do Real, que é e que faz ser toda realidade, é o próprio Espírito Santo, ao mesmo tempo destino e caminho.

Serafim de Sarov dizia que "o objetivo e o destino da vida humana são o Espírito Santo". É essa Consciência toda outra a qual acedemos pela *métanoia*, a passagem (*méta*) além do mental e dos pensamentos que o constituem (*noia*). A palavra *métanoia* é frequentemente traduzida por *conversão*, *volta*, *retorno* (segundo o hebraico *techuvá*) ou penitência (segundo o latim *penitentia*), mas seria necessário novamente indicar a conversão, o retorno a que, a quem?

Só pode se tratar de um retorno ao Real, do qual estivemos distraídos ou que foi esquecido, recalcado ou recusado.

Não se trata da conversão de um pensamento a um outro pensamento, de uma ideologia a uma outra ideologia, de uma representação de si mesmo ou de Deus a uma outra representação de si mesmo ou de Deus – ou seja, de uma ilusão a uma outra ilusão; mas trata-se realmente da conversão do nosso pensamento a algo além do pensamento, essa consciência nova que nos liberta de todas as nossas ilusões e dos nossos sonhos. É isso que chamamos também de *aletheia*: a verdade; literalmente, a saída do sono (*lethe*), o despertar.

Em direção a que, a quem estamos *a caminho*?

As Bem-aventuranças ou Beatitudes descrevem um caminho em direção ao homem aumentado, melhorado, prolongado ou em direção a um caminho para o homem desperto e eterno, pacificado? (esse despertar, essa eternidade e essa paz indicadas pela palavra *Beatitude*).

Qual é esse programa?

Somos convidados a um progresso e a um crescimento sem fim? Onde se trata de acumular cada vez mais riquezas, mais saberes e memórias graças às inteligências artificiais? Cada vez mais força e juventude graças aos enxertos, às cirurgias estéticas e às biotecnologias que manipulam nosso código genético para melhorá-lo? Ou cada vez mais poderes graças aos nossos computadores *superpoderosos* e drones capazes de monitorar e dirigir o planeta?

Em direção a cada vez mais prazeres graças a todos os tipos de drogas eufóricas e de grandes bonecas (machos ou fêmeas) feitas de silicone sedoso, no qual nem os seios nem as nádegas murcham? Todas essas felicidades e essas Bem-aventuranças artificiais nas quais dispensamos o *outro*? Para onde nos conduzem todos esses progressos, todos esses crescimentos? Nós podemos, sem dúvida, reconhecer os benefícios sem ignorar os limites: se apenas as OGM[3] pudessem erradicar a fome no mundo! Se apenas as inteligências artificiais que ajudam o homem a ser mais culto também pudessem torná-lo mais inteligente, mais consciente, mais sábio; ou seja, mais livre! Se apenas nossas medicinas nos curassem de todas as nossas doenças, de todas as nossas angústias, envelhecimento, decrepitude e dessa certeza de que vamos morrer – como prometem

---

3. Iniciais de Organisme Génétiquement Modifié (Organismo geneticamente Modificado). P. ex., os alimentos transgênicos são alimentos OGM. Segundo o autor, no contexto do livro, isso quer dizer que hoje em dia o ser humano corre o risco de se tornar um HGM (Humano Geneticamente Modificado); ou seja, um *organismo geneticamente modificado* [N.T.].

certos trans-humanistas –, teríamos necessidade de outras Bem-aventuranças?

Mas, diante de todas as evidências e, até prova em contrário, nenhum progresso, nenhum crescimento horizontal nos conduziu além da exaustão e da destruição dos seus próprios recursos.

Será este o programa: progredir, crescer para uma morte inelutável e anunciada? Se não podemos contestar essa evidência, podemos celebrar o absurdo e a falta de sentido à qual se dedicam, não sem artifícios e deslumbramentos, um certo número de pensadores contemporâneos?

As Bem-aventuranças pronunciadas por um rabino galileu há mais de vinte séculos, às margens de um lago onde hoje se reúnem amigos e famílias para compartilhar seus churrascos, continuam sendo atuais?

O que elas nos dizem do homem e do seu vir a ser que está a caminho, *em marcha*, rumo a quem, rumo a quê?

Trata-se sempre de progredir e de crescer, mas de um progresso e de um crescimento que não são apenas horizontais; não basta acrescentar quantidade a quantidade, trata-se de crescer na vertical, em qualidade de ser, de consciência, de amor e de liberdade, manter-se de pé em nosso eixo de vida que religa a terra ao céu. O objetivo não é o homem aumentado, melhorado, prolongado, mas invariavelmente mortal, é o homem desperto àquilo que o realiza e o transcende, por meio das provações, dos limites do quotidiano, é o homem que caminha para aquilo que o Evangelho chama de Reino ou de Reino de Deus. Como dizia Irineu de Lião: "A glória de Deus é o homem vivo; a vida do homem é a visão de Deus". Outros Padres do cristianismo também diziam: "Deus se fez homem para que o homem se tornasse deus"; o Infinito se revela em nossa finitude para que a nossa finitude desperte ao Infinito. Este é o caminho das Bem-aventuranças, ele nos recoloca em marcha rumo ao Infinito, de onde viemos e para onde vamos. Seria necessário acrescentar: *onde estamos*, pois nada pode estar fora do Infinito. Para dizer a verdade, nós não *saímos* e não *entramos* jamais no Real; nós ali estamos, em todo lugar e para sempre...

É preciso verificar em nosso próprio corpo, coração e espírito a palavra de Yeshua: *métanoiete*, "Vá, coloque-se a caminho além do mental e das tuas representações, e veja!" "O Reino está próximo."

A presença do invisível e infinito Real, aqui, em nossa abertura ao Eterno e ao Incompreensível Instante (*kairós*)[4] é uma Bem-aventurança que nenhuma apropriação, aumento, melhoramento, prolongamento nos permitem adquirir.

Diante da graça só nos resta responder pela gratidão; a ingratidão talvez seja o único e o maior infortúnio.

---

4. Cf. Mc 1,15; Mt 3,2.

"O que tens que não tenhas recebido?" Mesmo a tua pobreza, a tua fome, a tua sede, as tuas lágrimas, o teu sofrimento, as perseguições, as calúnias... Para aquele que ama, tudo é caminho, Vá! Coloque-se *a caminho*! *Em marcha, makarioi, ahréi*! Seja feliz!

Em marcha!

A QUESTÃO FOI APRESENTADA a um velho sábio taoista: "O que é o Tao?" Ele respondeu: "Vá, coloque-se a caminho".

Esta palavra curta é frequentemente encontrada no Evangelho; ela poderia até mesmo resumi-lo inteiramente. Yeshua só se detém para dizer: "Vá!", "A caminho!" Ele dirige essa palavra à mulher adúltera no momento em que querem apedrejá-la, ao paralítico, ao cego de nascença, a Lázaro quando ele já está sob a terra, ao publicano, ao fariseu, à Miriam de Magdala quando ela quer retê-lo após sua ressurreição e levá-lo de volta ao conhecido.

No Livro do Gênesis, YHWH diz a Abraão: *lekk leka*, "vai em direção a ti mesmo" (Gn 10,11); são também as palavras do bem-amado à bem-amada no Cântico dos Cânticos: "Levanta-te, minha amada, minha bela: vai em direção a ti mesma!" (Ct 2,7)[5].

---

5. LELOUP, J.-Y. *O Cântico dos Cânticos* – A sabedoria do amor. Petrópolis: Vozes, 2019.

"Vai, coloca-te a caminho!" Se Yeshua o diz é porque Ele o faz, e porque Ele o faz, dá-nos a vontade de caminhar com Ele... O homem é um ponto, mas é também um caminho. A saúde, assim como a felicidade, reside na caminhada; o sofrimento ou a doença é parar no meio do caminho – *mahala* em hebraico significa *doença*, mas também *ser colocado em círculo*, designando o fato de *dar voltas, girar em círculo*, estar fechado nessas *clausuras* do corpo, do pensamento e da alma, que são a dor, a ignorância e a loucura. As grandes tradições espirituais também apresentam as vias de cura como caminhos a serem percorridos, nos quais os sintomas dolorosos devem ser considerados apenas como etapas, paradas em que o espírito, durante um momento, está *pregado* à reflexão; eles não são o albergue nem a porta do homem que caminha.

Para o Mestre e Senhor, o infortúnio é parar, identificar-se a uma dada situação, confundir-se com os sintomas. A felicidade, a saúde e a salvação estão no caminhar. É por isso que Ele incessantemente diz a todos aqueles que encontra no caminho: "Em marcha!"

O que Yeshua ensina sobre *a montanha dos laranjais*, às margens do Lago de Tiberíades, é o oposto de um *sermão*. É um convite para soltar as amarras, a estar sem apegos para com aquilo que nos machuca; a não nos determos nem em nossos risos nem em nossas lágrimas, a permanecermos apenas na *vida que vai*. Sabemos, hoje em dia, que o texto das Bem-aventuranças no Evangelho de Mateus, mais do que um chamado à passividade diante das provações, é um convite a nos mantermos de pé[6], a nos erguermos, a nos colocarmos a caminho, quaisquer que sejam os pesares e as dores que entravam esse caminho.

Introdução ao Sl 32

Makarios aner: *bem-aventurado o homem*, em grego.

Asherei Adam: em hebraico pode ser traduzido por *em marcha o humano!* (o *adamah*, o argiloso). A felicidade é estar em marcha. O infortúnio é estar parado: sobre sintomas, sobre imagens, sobre memórias.

Mas em marcha, a caminho em direção a quê? Em direção a mais vida, consciência e amor? Pois o que deseja a vida em nós, se não que nos tornemos mais vivos? O que deseja a consciência em nós, se não que nos tornemos mais conscientes? O que deseja o desejo em nós, se não que nos tornemos mais amorosos?

Em marcha em direção a quê? Em direção a quem? Se não for em direção a mais liberdade, bem-estar e Beatitude? O que deseja o bem-aventurado *eu sou* em nós, se não que nos tornemos bem-aventurados com Ele, nele, por Ele?

O que deseja o ser bem-aventurado – *Ele que é* Vida, Consciência, Amor –, se não que nos tornemos aquilo que Ele é: Vida, Consciência, Amor? Inscrever nosso nome em seu Nome.

---

6. A palavra *stavra*, em grego (= a cruz), quer literalmente dizer *manter-se de pé* (cf. as expressões em inglês *to stand* e *stand up!*). "Carregar sua cruz", como diz o Evangelho, é *manter-se de pé* diante das provações.

Eu sou/Eu serei (*eyeh Asher eyeh, ego Eimi, ani hou*) Bem-aventurado?

> Ser ou não ser. Estar ou não estar.
> Estar vivo ou não estar vivo.
> Ser consciente ou não ser consciente.
> Ser feliz por ser ou não ser feliz por ser.
> Amar ser ou não amar ser.
> Eis a questão.
> Mas *amar ser* não é uma questão, é uma graça.
> A graça que nos faz ser, à qual responde nossa gratidão.
>
> Não basta estar aqui, existente (*Dasein*)
> É preciso ainda estar aqui, *vivente*;
> O que é estar aqui, vivente?
> Ser desejante,
> Desejar ser.
> O homem é vontade de viver, desejo de ser desejante (vontade que quer, diria Maurice Blondel; vontade de poder, vontade de vontade, diria Nietzsche).

Não basta estar aqui vivente, querer e desejar ser; é preciso ainda estar aqui, consciente. Consciente de estar aqui vivente, desejando o ser.

O homem é *consciência de estar aqui, vivente*; consciência do desejo de ser desejante. Não basta estar aqui consciente de estar vivo; é preciso ainda estar aqui, feliz, bem feliz, bem-aventurado. Feliz por ser desejante e consciente. *Amar estar aqui, desejante e consciente.*

O amor é a consciência bem-aventurada de estar aqui, vivo e desejante; consciência bem-aventurada de estar aqui com tudo o que é; ou seja, fazendo apenas um com tudo o que é. O amor é o futuro do ser vivo, o fim e o sentido do desejo de sermos viventes. A Beatitude da consciência de estar aqui, vivo.

O Mestre e Senhor, às margens do Lago de Tiberíades, sobre a colina dos laranjais, encarna essa Beatitude de estar aqui, felizmente e conscientemente vivo. Ele encarna o Amor, que é desejo de viver, consciência bem-aventurada de estar vivo, de ser vivente.

Seu ensinamento expressa um querer viver que está em cada um, mais profundo do que o desgosto de viver ou do que a pulsão de morte. Seu ensinamento é o do Ser/Amor (*O on/Agape*) que nos quer viventes, conscientes, desejantes, livres, não importam quais sejam as circunstâncias.

Tudo é ocasião para sermos felizes: é o grande dizer. Tudo é ocasião (*kairós*) de Beatitude, porque tudo é ocasião para *avançar*, crescer em consciência e amor, ocasião para transformar o impasse em passagem; nada é fatal, tudo é *pascal*.

Este vir a ser está inscrito no Nome ou na programação genética de cada um: *Eu sou/Eu serei* eco do grande Nome, do *Ser que é e que faz ser e vir a ser tudo o que é e que venha a ser*.

O Mestre e Senhor dá testemunho de um *amar ser*, que é maior do que um *deixar ser* (*Gelassenheit*). *Deixar ser o que é, como aquilo é* é uma Bem-aventurança passiva. *Amar ser aquele que ama tudo o que é* é uma Bem-aventurança ativa, que torna possível o vir a ser e a transformação.

Amar ser é a Bem-aventurança em marcha, o movimento da Vida que se dá, o Ser consciente e desejante que está se formando. Através da aquiescência àquilo que é e está se tornando operam-se todas as metamorfoses.

A política do não agir amoroso é de uma eficiência assustadora, é a própria eficiência da primavera, que ao não fazer nada faz acontecer todas as coisas.

A vida está sempre em marcha, basta harmonizar nosso sopro ao seu Sopro, entrar consciente e amorosamente no movimento da Vida que se dá; esta é a Beatitude a qual nos convida o ensinamento de Yeshua às margens do lago, sobre a montanha dos laranjais.

Se escolhermos[7] *deixar ser* ou *amar ser* o Bem-aventurado, *Eu sou/Eu serei*, em nós, oito campos de aplicação ou de verificação nos serão propostos:

1) O sopro curto ou a pobreza do espírito.

2) A força da doçura, da mansidão e da humildade.

3) O consolo ou a consciência das lágrimas.

4) A fome, a sede de justiça e a harmonia.

5) A pureza do coração ou a visão de Deus.

6) A misericórdia do coração ou a participação no ser de Deus.

7) A paz e a calma eficazes do coração, presença de Deus.

---

7. Passar da *vontade que deseja* à *vontade desejada* e da vida suportada à vida escolhida são o grande *sim* à *vida que é, que se torna e que se dá*; não é o *sim* nietzscheano do *amor fati*. Trata-se realmente de um *retorno*; não é o *eterno retorno do mesmo*, mas o retorno à luz incriada que nos *engendra a volta ao Pai* (na linguagem de Yeshua), o *sim* da *grande saúde*, é o *sim* ao acontecimento e à graça de ser, gratuidade, doação que é nosso fundamento e nosso fim.

8) A liberdade para com as perseguições, o amor aos inimigos, a participação no Real soberano, mais vasto do que a morte.

Estas oito práticas transformadoras ou essas oito Bem-aventuranças são também oito etapas que orientam o homem que está em marcha (*homo viator*) em direção à Beatitude – ou seja, ao Bem-aventurado –, ele mesmo secretamente presente nele. ("Vocês em mim, eu em vocês", disse Yeshua.)

Essas oito Bem-aventuranças ou Beatitudes nos são relatadas em Mt 5 em grego; alguns tradutores, como André Chouraqui, pressentiram um texto hebraico ou aramaico que estaria na origem do texto grego. Isso nos dá duas traduções possíveis. Por que deveríamos colocar em oposição dois sabores, o grego e o semita? Seus temperos conjuntos dão ao Evangelho um novo paladar, que não é obrigatoriamente o *sabor do dia*, mas de uma luz mais profunda e mais acre.

1) Em marcha os humilhados do sopro, porque deles é o Reino dos Céus – Bem-aventurados os pobres de espírito, porque deles é o Reino dos Céus.

2) Em marcha aqueles que estão de luto, porque eles serão reconfortados – Bem-aventurados aqueles que choram, porque serão consolados.

3) Em marcha os humildes, porque eles herdarão a terra – Bem-aventurados os mansos, porque eles partilharão a terra.

4) Em marcha os que têm fome e sede de justiça, porque eles serão satisfeitos – Bem-aventurados os que têm fome e sede de justiça, porque eles serão satisfeitos.

5) Em marcha os corações puros, porque eles verão a YHWH/Elohim – Bem-aventurados os corações puros, porque eles verão a Deus.

6) Em marcha os matriciais, porque eles se tornarão matrizes – Bem-aventurados os limpos de coração e os misericordiosos, porque eles receberão misericórdia e verão a Deus.

7) Em marcha aqueles que fazem a paz, porque eles serão reconhecidos como filhos de YHWH/Elohim – Bem-aventurados os artesãos da paz, porque eles serão chamados de filhos de Deus.

8) Em marcha os perseguidos pela justiça, porque o Céu e seu Reino serão deles – Bem-aventurados os que sofrem perseguição por causa da justiça, porque deles é o Reino dos Céus.

Em marcha se o insultarem, se o perseguirem, se disserem todo tipo de mal por causa de mim. Estejam na alegria; sua liberdade é vasta como o céu. Assim eram os *nabis* (aqueles que veem), os profetas que vieram antes de vós. Vós sereis bem-aventurados se vos insultarem, se vos perseguirem, se vos caluniarem por causa de mim; alegrai-vos, rejubilai-vos! O amor, o céu vos tornará livres; assim eram os profetas que vieram antes de vós.

Se a felicidade é estar *em marcha*, não se deixar deter por nada, estar incessantemente no vir a ser, a caminho rumo à plena realização do Ser que é Vida, Consciência, Amor em nós, o Bem-aventurado *Eu sou/Eu serei*, em cada um, o infortúnio é, pelo contrário, estar parado, bloqueado em nossa evolução e em nosso vir a ser, dar voltas (*mahala*), permanecer no mesmo lugar; o infortúnio é *apodrecer* ao invés de *amadurecer*.

Esse contraste marcha/estagnação é colocado em maior evidência no Evangelho de Lucas. Mas talvez possamos interpretar esse contraste não apenas como o encontro de dois opostos, mas também como o encontro entre dois complementares.

O riso e as lágrimas, a fome e a satisfação, a riqueza e a pobreza, no movimento da Vida que se dá, não passam de *alternâncias*. Essa lei das alternâncias ou lei da enantiodromia (cada coisa se transforma em seu contrário) não está longe da sabedoria de um Laozi e de um Heráclito.

Devemos perceber que a palavra grega traduzida por *desafortunado, infortúnio* ou *maldito – ouaie –* é intraduzível; ela está mais próxima de nossa palavra *ai* em português, na qual se misturam a dor e a surpresa, mais do que um julgamento ou uma condenação; é essa palavra *ai* que encontramos quando falamos de Judas e que traduzimos por *infortúnio a este homem* ou *maldito seja esse homem*, mas a palavra empregada por Yeshua é da ordem da compaixão: "Ai por este homem", "O que tens a fazer, faça-o rápido".

No contexto das Bem-aventuranças, podemos compreender "Ai dos ricos", pois de fato eles correm o risco de se apegar aos seus bens evanescentes e impermanentes, mais do que ao seu ser verdadeiro.

O infortúnio em nós é o esquecimento, a ignorância ou a recusa do Bem-aventurado *Eu sou/Eu serei*.

Lc 6,20-36

Em marcha, os pobres; o céu e o seu reino estão em vós! Em marcha, vós que tendes fome agora, porque sereis fartos! Em marcha vós que agora chorais, porque logo vos alegrareis! Em marcha quando os homens vos odiarem, vos rejeitarem, vos expulsarem, vos ultrajarem e quando repelirem o vosso nome como infame por causa do Filho do Homem! Alegrai-vos naquele dia e exultai, porque grande é a vossa bênção, grande e vasta como o céu. Era assim que os pais deles tratavam os profetas.

Mas *ai* de vós, ricos, porque tendes a vossa consolação! Mas *ai* de vós que estais fartos, porque vireis a ter fome! *Ai* de vós que agora rides, porque gemereis e chorareis! *Ai* de vós quando vos louvarem os homens, porque assim faziam os pais deles aos falsos profetas!

Digo a vós que me ouvis: Amai os vossos inimigos, fazei bem aos que vos odeiam, abençoai os que vos maldizem e orai pelos que vos injuriam e caluniam. Ao que vos ferir numa face, oferecei-lhe também a outra. E ao que vos tirar a capa, não impeçais de levar também a túnica. Dai a todo o que vos pedir; e ao que tomar o que é vosso, não o recuseis.

O que quereis que os homens vos façam, fazei-o também a eles. Se amais os que vos amam, o que isso tem de novo? Também os criminosos amam aqueles que os amam. E se fazeis bem aos que vos fazem bem, o que isso tem de novo? Pois o mesmo fazem também os criminosos.

Se emprestais àqueles de quem esperais receber, o que isso tem de novo? Também os criminosos emprestam aos criminosos para receberem outro tanto. Pelo contrário, amai aos vossos inimigos, fazei bem e emprestai, sem disso esperar nada. E grande será a vossa recompensa e a vossa bênção, e sereis filhos do Altíssimo, porque Ele é bom para com os ingratos e maus.

Sede misericordiosos (generosos) como também vosso Pai é misericordioso. Não julgueis, e não sereis julgados; não condeneis, e não sereis condenados; perdoai e sereis perdoados. Dai, e vos será dado. Será colocada em vosso regaço medida boa, cheia, recalcada e transbordante, porque, com a mesma medida com que medirdes, sereis medidos vós também.

Cada uma dessas Bem-aventuranças, dessas Beatitudes, pode ser considerada um *pharmakon*, uma palavra que cura. Meditadas na sequência, uma após a outra, elas descrevem um verdadeiro itinerário rumo a uma *saúde maior*, rumo a essa liberdade e a *essa força invencível e vulnerável do humilde amor*.

1) O ponto de partida é o *sopro interrompido*; as somatizações da angústia e do medo, a *pobreza* ou *a falta de ser* que definem a condição humana. Ser lúcido, e não desesperado; permanecer em marcha.

2) Se permanecermos em marcha, fazendo o luto *do passado que é passado*, através das nossas lágrimas, nós iremos em direção ao Bem-aventurado que está em nós.

3) Nós nos tornaremos capazes de doçura, mansidão e paciência; a terra e tudo aquilo que nos envolve serão transformados.

4) Da calma reencontrada pode nascer um verdadeiro desejo de harmonia, uma fome e uma sede de justiça para nós mesmos e para todos.

5) A pureza do coração permite que vejamos as coisas tais quais elas são, e, assim, sermos *um com o Real, tal qual Ele é*.

6) Essa lucidez não é fria e indiferente; ela é sabedoria do coração, compaixão e misericórdia.

7) Essa calma, essa clareza e essa compaixão fazem de nós artesãos da paz.

8) Se a força invencível e vulnerável da *pura consciência* e do humilde amor nos habitar, nós permaneceremos livres diante daqueles que nos caluniam e nos perseguem.

Pela prática das Bem-aventuranças entramos no próprio movimento da Vida que se dá, nós nos tornamos "participantes da natureza divina"[8] para o nosso bem-estar, o bem-estar de tudo e de todos.

Essas oito Bem-aventuranças ou Beatitudes são como raios de um único sol. O coração do sol permanece inacessível, só o conhecemos através do seu brilho. A essência de Deus (YHWH) permanece incognoscível, só a conhecemos através das suas energias (Elohim), mas cada raio de sol é o próprio sol, não há um *outro* sol. Cada qualidade ou atributo da divindade não é uma *outra* divindade, mas sua essência permanece, contudo, sempre oculta.

As energias e sua essência, o manifestado e o oculto são *um único Deus* (YHWH – Elohim), assim como o coração do sol e seus múltiplos raios são *um único sol*.

O *Self* ou o *Eu sou* bem-aventurado é Um e Ele se manifesta através de uma multiplicidade de qualidades. A Beati-

---

8. Cf. 1Pd.

tude é uma, as Beatitudes que a manifestam e encarnam são inumeráveis.

O Evangelho privilegiou oito. (Sendo o oito, simbolicamente, uma imagem do Infinito).

As Bem-aventuranças

1

Em marcha os humilhados do sopro, porque deles é o Reino dos Céus

Bem-aventurados os pobres de espírito, porque deles é o Reino dos Céus

Ptokoi to pneumati é o texto grego de origem; trata-se realmente de uma pobreza (*ptokai*) do sopro (*pneumati*), e não do espírito (*nous*) ou da alma (*psyché*). Portanto, compreendemos melhor o que Chouraqui traduziu por *humilhados do sopro*; a versão corrente *pobres de espírito* induz muito facilmente à interpretação *simples de espírito*, podendo dar a entender que ignorantes, idiotas ou imbecis seriam representantes privilegiados do Reino de Deus.

Ter o sopro *humilhado* ou impedido – o que isso quer dizer? Ter falta de sopro, falta de ar ou de *pneuma* (*rouah* em hebraico) é não ter as forças necessárias para a vida.

O que impede ou detém em nós o movimento da Vida que se dá, o Reino de Deus, o Vivente? Geralmente, a emoção, o medo, a angústia (*angustia* em latim quer dizer *garganta apertada, estreitada*)...

As palavras de Yeshua dirigem-se, assim, aos *sopros curtos*, àqueles a quem falta a vitalidade, os emotivos, os angustiados, todos aqueles que têm medo de viver e de amar.

Em marcha! A caminho!

Não tenha medo, não se instale, não se acomode em suas emoções, seus medos, suas angústias – são apenas provações, experiências a serem atravessadas. Não se permita ser detido pelos obstáculos; pelo contrário, que esses sejam *ocasiões* (*kairós*) para estimular sua força, sua consciência e seu desejo; "o céu e o seu reino estão em vós" – *o céu*, ou seja, o espaço que contém todas as coisas; o Infinito está em vós.

Deixa-o *reinar*, brilhar. Deixa o Infinito agir no coração do seu ser finito, não deixe que o espaço seja preenchido com seus temores; *respire ao largo*[9].

Junto a este *Em marcha os humilhados do sopro*, inspirado pela tradução semita das Bem-aventuranças, não devemos nos esquecer da sua vertente grega: *Bem-aventurados os*

---

9. Yesha, *respirar ao largo* em hebraico, é geralmente traduzido por *estar salvo* e dará origem ao nome de Yeshua, *Aquele que salva*. Yeshua é a presença do *Eu sou* ao largo, livre, infinito, em cada um de nós; tomar consciência disso é o que nos salva e nos coloca novamente *em marcha*.

pobres de espírito; é a Bem-aventurança preferida de Mestre Eckhart, da qual ele faz uma interpretação radical em seu célebre sermão 52:

> Este é um pobre de espírito (ou seja, um homem livre de tudo), que nada quer, nada sabe e nada tem[10].

Nada querer, nada saber, nada ter; ou seja, nada ser – será que isso é realmente uma Bem-aventurança, uma Beatitude?

Não se trata, evidentemente, do *nada querer* da depressão; do nada saber, que é o da ignorância e da estupidez; do nada ter, que é o da miséria; do nada ser, que é o do absurdo e do nada, mas de uma liberdade e um desapego para com todos os nossos pequenos desejos e vontades, de uma liberdade e de um desapego para com todas as nossas pequenas razões e nossos grandes saberes, de uma liberdade e de um desapego para com todas as nossas propriedades ou posses. *Non sum, ergo sum* (Eu nada sou; portanto, eu sou). Nada ser é deixar ser tudo.

São as palavras do libertado vivo, aquele que experimentou que ele próprio não é o ser por ele mesmo, que não é dele a Fonte do seu sopro, da sua vida, da sua consciência, do seu desejo; em uma palavra: do seu ser.

Ser pobre é receber a si mesmo e a todas as coisas não como algo que nos é devido, mas como um dom. O rico é

---

10. MAITRE ECKHART. *Traités et sermons* (Tratados e sermões). Flammarion, 1993, p. 349. Cf. LELOUP, J.-Y. *De Nietzsche à Maître Eckhart* (De Nietzsche a Mestre Eckhart). Almora, 2014.

infeliz porque ele pensa que tudo lhe é devido, que nada lhe deve ser tirado e que ele pode comprar tudo. Ele pode de fato, comprar muitas coisas, exceto o essencial: *a paz do coração*, que é o Reino de Deus.

Aliás, é uma obviedade, tudo o que ele possui pode lhe ser tirado de um momento para o outro. O que sobrará de todos os nossos teres, de todos os nossos poderes, de todos os nossos saberes a não ser *nada*? O *non sum* que nós somos. Nada nem ninguém escapará à Bem-aventurança de *nada ser*, nem que seja apenas no momento da morte do nosso ser mortal.

Os sábios e os santos sabem que não vale a pena aguardar essa hora, a cada instante podemos saborear a alegria de nada sermos, e nessa abertura (não interrompida por nenhum saber, querer ou poder), descobrir que *tudo* nos é dado.

Sem o Ser, nada; com o Ser, tudo

Esse *Ser com* é o que chamamos no cristianismo de Santo Espírito, aquilo que está além do *nous (méta – noia),* além de todo ter, de todo saber, de todo poder, além do *eu.*

São João da Cruz, de maneira tão abrupta quanto Mestre Eckhart, dirá: "Quando vos detendes em algo deixais de vos abandonar ao todo".

Deter-se em algo, para São João da Cruz, é, mais uma vez, a doença (*mahala*), tomar a parte pelo todo, idolatrar uma posse, um saber, uma pessoa, uma representação de Deus... Tantas paradas e interrupções que podem entravar a *marcha*, o caminhar do bem-aventurado...

O grande passante, que nada nem ninguém pode reter, que tudo aflora com graça, pois à sua passagem – *sem atração, sem repulsão, sem indiferença* – todas as coisas se sentem amadas *tais quais elas são*, sem projeção, sem ilusão; o olhar não preenchido do *pobre de espírito*, que vê as coisas como a luz as vê.

2

Em marcha aqueles que estão de luto, porque eles serão reconfortados

Bem-aventurados aqueles que choram, porque serão consolados

Esta segunda Bem-aventurança, ou Beatitude, é prolongamento da primeira, pois o que é fazer seu luto, senão desapegar-se, tornar-se livre, considerar o passado como passado? O trabalho do luto não é esquecer, renegar o passado; é descobrir que ele se projeta incessantemente sobre o presente e nos impede de saboreá-lo em sua beleza e novidade. Uma felicidade passada pode ser o pior obstáculo para o reconhecimento de uma felicidade presente.

Fazer o seu luto é o segredo da vivacidade e da jovialidade do *ir em frente*[11] na caminhada, na marcha; não mais ser retido ou puxado para trás.

---

11. Jogo de palavras intraduzível: "faire son deuil, c'est le secret de notre 'allant'". *Allant* quer dizer *vivaz*, *jovial*, mas também remete ao verbo *aller* (*ir*); ou seja, o autor quer dizer que ao fazermos nosso luto podemos não apenas seguir em frente, mas podemos fazê-lo de maneira jovial e vivaz [N.T.].

Penso na mulher com quem percorríamos o caminho de Compostela; ela não conseguia fazer o luto pela perda do seu filho no auge da força e da beleza inerentes à sua idade; ela continuava revoltada e inconsolável. A cada etapa do caminho ela reencontrava suas lágrimas até o dia em que – terá sido a fadiga? terá sido a graça? – ela *aceitou* o inaceitável; ela disse *sim* àquilo que era: ela não poderia mais reconhecer seu filho no corpo em qual ela o tinha conhecido, trocar palavras de ternura com a voz que fora a sua... Foi em uma pontezinha da Galícia que ela conheceu uma grande passagem; dali em diante seu filho não a puxava mais para trás como uma bola de ferro feita de memórias que a impedia de avançar; seu filho estava diante dela como essa estrela que saiu do *composto* (= *stella*), ela a guiava *adiante*. Dali em diante ele a ajudava a avançar, ele iluminava sua caminhada solitária.

"Meu filho está realmente morto e, ao mesmo tempo, ele ressuscitou. Eu o conheço sob um outro modo de realidade; nossos vínculos são ainda mais profundos e sutis, mas *o passado é passado*, eu não voltarei mais a vê-lo como o conheci." Fazer o luto do conhecido abre o caminho e o espaço ao desconhecido, ao infinitamente presente, sempre novo.

As lágrimas abrem em nós o leito de uma nova consciência, elas não são apenas tristeza, revolta ou desespero. Para Tomás de Aquino, as lágrimas são um dom do Espírito Santo: o dom da ciência. Na tradição dos Padres do Deserto, as lágrimas são uma graça de Deus extremamente preciosa; não apenas elas nos lavam de nossas faltas e das nossas doenças, mas também nos iluminam como *as pérolas da bem-amada*, Miriam de Magdala.

Os santos têm o coração líquido; as lágrimas são o sinal de que seu coração de pedra se transformou em coração de carne e que um espírito novo o habita.

"Alegria, alegria, chore de alegria", dizia Pascal em certa *noite do fogo*, na qual vislumbrou que o deus dos eruditos se mantém afastado do Deus dos que têm fé; o Deus de Abraão, de Isaac e de Jacó, o Deus de Jesus Cristo. Pois há muito caminho a ser feito entre *conhecer a Deus e a amá-lo*: as lágrimas de alegria atestam que o Deus inacessível se fez *sensível ao coração*; Ele se encarna, Ele entra no rio lamacento do nosso tempo.

Bem-aventurado aqueles que choram... este é o sinal de que eles não são feitos de mármore, eles possuem um coração, e esse coração é capaz de compaixão: eles podem ter fome e sede de justiça.

3

Em marcha os humildes, porque eles herdarão a terra

Bem-aventurados os mansos, porque eles partilharão a terra

Praéis em grego é tradução do hebraico *anaw, anawin*, que designa ao mesmo tempo os pobres, os humildes, os justos; o *restinho* daqueles que permanecem fiéis, apesar das provações, à Torá e ao Espírito de YHWH.

Permanecer ligado à fonte e ao princípio de todas as coisas é ser herdeiro da terra, é receber todas as coisas como um dom (cf. a Bem-aventurança dos pobres em espírito), é responder também ao nome de Adão, o argiloso, o terroso (de *adamah*, a terra ocre); ser humilde é ser humano – humildade e humanidade têm a mesma raiz, *humus*; é ser ligado à terra para abri-la e oferecê-la ao céu, é aceitar seus limites, sua finitude para abri-la ou oferecê-la ao Infinito.

"Caminha suavemente sobre a terra, ela é sagrada", disse-me o velho índio hopi. Não há terra santa, há apenas terra santificada pelos passos daqueles que sobre ela caminham com atenção e com amor.

A doçura, a suavidade e a mansidão são virtudes dos fortes; Yeshua não disse *bem-aventurados os molengas*, mas *bem-aventurados os mansos*, os doces, os suaves, pois a suavidade, a mansidão e a doçura supõem domínio sobre si mesmo.

Abrir uma porta com suavidade permite que ela *ceda*, ao passo que ela resiste ao violento e ao irritado.

A terra não pode se dar àqueles que a exploram e a consomem; a aliança foi rompida, ela só se dará novamente aos suaves e mansos que a respeitam e querem fazer dela um jardim (*pardes*, paraíso), e não um campo de ruínas e detritos ou um lixão. Isso supõe que a consideramos como algo vivo, também desejosa do bem-estar de todos os seres vivos. O homem não está aqui para dominá-la ou explorá-la, mas para cultivá-la e fazer dela um jardim[12].

Na biblioteca hebraica (Bíblia) há dois homens reputados pela sua doçura, suavidade, mansidão e humildade: Moshe e Yeshua. Os maiores e mais fortes paradoxalmente são os mais humildes e os mais mansos.

No Livro do Apocalipse, é o cordeiro, símbolo da força invencível e vulnerável do humilde amor, que triunfará sobre

---

12. Não é por acaso que Yeshua apareceu na manhã da ressurreição para Miriam de Magdala sob a forma de um jardineiro. Ele lembra ao homem sua missão sobre a terra: fazer um jardim, cooperar com a natureza para que ela se torne um pomar, um roseiral, um *jardim das delícias*.

o dragão, símbolo da violência e da devastação que domina ainda *durante um tempo, um pouco de tempo*, povos e nações. O Evangelho de Mateus guarda a memória das fortes palavras de Yeshua, que fala como a Sabedoria, a Shekinah criadora do Primeiro Testamento[13]:

> Vinde a mim, vós todos que estais aflitos sob o fardo, e eu vos aliviarei. Tomai meu jugo sobre vós e recebei minha doutrina, porque eu sou manso e humilde de coração, e achareis o repouso para as vossas almas. Porque meu jugo é suave e meu peso é leve[14].

A mansidão e a humildade são o remédio (*pharmakon*) para vários males, elas nos libertam desses dois venenos que são a inflação e a violência, o orgulho e a cólera que corroem os fígados e destroem as relações humanas. Yeshua diz: "Aprendei comigo, colocai-vos em minha escola"; por trás desse *eu* é preciso escutar o *ego eimi*, o *Eu sou* da própria presença de Deus.

O fundo do ser é doce e suave; agir a partir desse fundo de calma que está em cada um de nós ajudará a termos ações justas e harmoniosas que os antigos chamavam de justiça.

O Bem-aventurado em nós é doce, manso e humilde de coração (*praus eimi kai tapeinos tè kardia*), ele é o lugar do repouso (*anapausis*) das nossas almas (*psique*), e, como sabemos, a alma apaziguada é o espelho de Deus.

---

13. Cf. LELOUP, J.-Y. *O Livro de Salomão: a sabedoria da contemplação* – Tradução e comentários. Petrópolis: Vozes, 2019.
14. Mt 11,28-30.

4

Em marcha os que têm fome e sede de justiça, porque eles serão satisfeitos

Bem-aventurados os que têm fome e sede de justiça, porque eles serão satisfeitos

O que é a justiça? Em um primeiro sentido, é *dar a cada um aquilo que lhe é devido*. No nível social, é dar a cada um respeito e dignidade *como a si mesmo*. No nível espiritual, é dar a Deus o louvor e a adoração que lhe são devidos, dar à graça de existir a gratidão que lhe é devida.

Há realmente felicidade no exercício dessa justiça. O fruto está em harmonia: a ordem e a paz; cada coisa é reconhecida em seu justo lugar: o relativo como relativo; o absoluto como absoluto; o que é temporal como temporal, passageiro, impermanente e transitório; o que é eterno e infinito, como eterno e infinito; a ilusão como ilusão, o Real como Real; a fome e a sede de justiça não se distinguem da fome e da sede de verdade, é o amor pela verdade.

O que é verdadeiro? O que é justo para cada um e para todos? *O justo* é o homem verdadeiro, verídico, *autêntico*, de acordo com ele mesmo, com os outros, com o universo, com a Fonte e a origem do universo. Ele faz apenas um com o movimento da Vida que se dá.

Ter fome e ter sede é um sinal de saúde física; é ter apetite, o desejo de viver. Ter fome e sede de justiça é uma fome e uma sede espirituais, um desejo de água viva e de *alimento que nutre em nós a Vida eterna ou a Vida verdadeira*, é um desejo de harmonia, de *justeza* e *afinação* no sentido musical do termo.

Há apenas a beleza do Reino que pode nos satisfazer, o reino do Amor, *assim na terra como no céu* em todo o nosso espírito, em todo o nosso coração, em todos os nossos sentidos.

O reino da justiça ou da harmonia em nós, em tudo e em todos, começa pelo desejo do Amor: *que venha o seu reino*; que um eco desse Amor absoluto reine em nossos seres relativos, e logo estaremos *satisfeitos*.

É uma grande Beatitude ou Bem-aventurança estar em harmonia, *bem-ajustado* tanto com os outros e com Deus quanto consigo próprio.

Como não desejar que essa harmonia e essa justiça sejam compartilhadas com todos?

Lutar contra a injustiça é estar atento a todas essas *notas desafinadas* que aparecem a cada vez que buscamos nosso próprio interesse em detrimento do interesse de todos e do Todo; é esquecer que o eu é *nós*; é *interpretar* mal a Vida e a partitura que nos é confiada; é passar ao largo desse desejo de ser Um, em harmonia com tudo o que é, vive e respira, e Um com a Fonte de tudo o que é, vive e respira.

A pior injustiça é não dar a Deus o que é de Deus; ou seja, toda a vida, toda a consciência, todo o amor. A reparação dessa injustiça é a adoração. Sem oração e contemplação, como estaríamos *ajustados e afinados, nós e nossos atos*, à Vida que se dá?

Sem gratidão, como estaríamos *em harmonia* com a graça que nos é dada?

5

Em marcha os corações puros, porque eles verão a YHWH/Elohim

Bem-aventurados os corações puros, porque eles verão a Deus

O que é um coração puro? Responde Kierkegaard: "É um coração que busca, quer, olha apenas uma única coisa".

Só buscar, só querer, só olhar o único Real em todas as realidades que o manifestam simplifica e unifica nosso espírito. Ele torna-se, então, simples (sem dobras, sem voltar-se sobre si mesmo) e um, à imagem do Um e do simples Infinito.

"O homem é um espelho livre", dizia Gregório de Nissa. Nós nos tornamos aquilo que amamos, nós nos tornamos aquilo que olhamos, nós nos tornamos também aquilo que invocamos; o espelho voltado para o caos reflete o caos, o espelho voltado para a luz reflete a luz. Em uma linguagem mais contemporânea, diríamos que, de acordo com a orientação do nosso olhar ou do nosso instrumento de percepção, a matéria nos aparece como onda ou como partícula.

O olhar simples ou o olhar puro não olha nada. Ele não quer ver nada em particular; nem onda, nem partícula, nem realidade concreta, nem realidade sutil. Quando o olhar está vazio de toda expectativa, de toda apreensão, então ele vê *Tudo*, ele vê a Deus; nada do todo do qual Ele é a graça (ao invés de nada do todo do qual Ele é a causa). O olhar passa a ver, ele se torna a luz invisível na qual nós vemos todas as coisas.

Ele conhece menos a coisa vista e iluminada do que a luz, aquela que vê e ilumina todas as coisas. Este é um grande *pharmakon*, uma medicina radical: "Veja a luz que está em ti, invoque o nome de Yeshua e não desespere".

Há uma luz em ti, tu és pela graça o que Deus é por natureza; ou seja, aquilo que você é não obedece a nenhuma causa externa, não é o resultado de nenhum esforço da tua vontade, da tua ascese ou da tua inteligência.

O fundo do teu ser é gratuidade, pura e luminosa consciência, infinita presença, sem razão, sem necessidade. Tua natureza está unida à natureza de Deus, que é totalmente graça, completamente indeterminada.

Essa luz que está em você é livre de todo passado, de todo presente e de todo futuro; ela não pertence ao tempo. Aqui não há sofrimento, nem expectativa, nem medo, nem culpa, nem arrependimentos, nem projetos, mas simplesmente este segredo: ser incriado.

A invocação do nome de Yeshua o conduz a este segredo, (que Ele chama de *A'um* em aramaico e *Abba* em hebraico);

essa invocação constante sobre o ritmo do teu sopro (*pneuma*) "em espírito e verdade" simplifica e acalma nossos pensamentos, restando, então, apenas o claro silêncio do espírito, que é pura luz; claro silêncio do coração, que é paz que ultrapassa toda compreensão, a *hésychia*, a grande calma de Deus.

"O olho é a lâmpada do corpo. Se o teu olho é são, todo o corpo será bem-iluminado; se, porém, estiver em mau estado, o teu corpo estará nas trevas. Cuida, pois, para que a luz que está em ti não seja trevas. Se, pois, todo o teu corpo estiver na luz, sem estar misturado às trevas, ele estará inteiramente iluminado, como se estivesse sob a brilhante luz de uma lâmpada"[15].

Se o teu olho é puro, então, pela graça, gratuitamente, tu és o que Deus é por natureza: Bem-aventurado.

Devemos perceber que "se teu olhar é perverso" (*poneros* no texto grego), sinuoso, "todo o teu corpo estará nas trevas". Sem a simplicidade e a pureza do olhar, nós jamais veremos o Real como Ele é; é preciso ter se tornado silêncio e claridade para escutar o silêncio e ver a claridade; é preciso ter se tornado deus para conhecer a Deus. Apenas o semelhante conhece o semelhante: "Caríssimos, desde agora somos filhos de Deus, mas não se manifestou ainda o que havemos de ser. Sabemos que, quando isso se manifestar, seremos semelhantes (*omoioi*) a Deus; porquanto o veremos como Ele é"[16]. Não como o pensamos, imaginamos, acreditamos, mas "como Ele é" (*auto kathos estin*).

---

15. Cf. Lc 11,34-36; Mt 6,22.
16. 1Jo 3,2.

6

Em marcha os matriciais, porque eles se tornarão matrizes[17]

Bem-aventurados os limpos de coração e os misericordiosos, porque eles receberão misericórdia e verão a Deus

Se a Bem-aventurança dos corações puros não é concedida à Bem-aventurança da misericórdia, ela corre o risco de se tornar a Bem-aventurança dos *puros e duros* no lugar de ser a Beatitude dos *puros e doces*. A pureza sem a misericór-

---

17. Segundo o autor, a expressão *em marcha os matriciais* é oriunda de uma tradução de André Chouraqui. Para ele, a matriz – o *rahman* em hebraico e nas línguas semitas – é o ventre, e os matriciais são aqueles que amam como uma mãe ama. A matriz, a mãe, a misericórdia: essa tradução daria à misericórdia um sentido mais *carnal*. Misericordioso seria, então, aquele que toma para si, em seu coração, o infortúnio do outro; é a compaixão. Aquele que toma em seu ventre o infortúnio do outro e do mundo. Ser *matricial* é ser como uma mãe que sente o sofrimento do outro [N.T.].

dia está na fonte de muitas violências e de todas as inquisições, assim como a misericórdia sem a pureza ou a verdade está na fonte de toda permissividade e de todas as covardias.

Chouraqui traduz de maneira justa *misericordiosos* por *matriciais*, pois o termo *rahman*, tanto em hebraico como em árabe, remete a *matriz*.

Qualquer muçulmano que, várias vezes por dia, recite a oração (a *fatiha*) – Bismillahi-r-Rahmani-r-Rahim (em nome de Alá, o Infinito misericordioso, o muito misericordioso) – sabe que a palavra *rahman* quer dizer "matriz"[18].

Se Alá não é *Pai nosso*, Ele é *Mãe nossa*. Que mãe teria prazer em ver seus filhos serem torturados ou mortos? Mães que matam existem, mas elas não decaíram daquilo que constitui a essência da maternidade: dar a vida, fazer crescer? Será que Deus poderia renegar o mais belo dos seus nomes: a maternidade primeira, a *maior (Akbar)*, origem de todos os mundos?

O terrorismo é mais do que uma blasfêmia, ele é uma forma de *deicídio*, pois ele mata a Vida que *Rahmani Rahim Alá* quer nos dar em abundância. Em nome de sua mãe, quem ousaria matar seus filhos? Assim, não pode ser *em nome de Alá* que matam, mas apenas em nome do iblis, o *sheitan* (o diabo, o demônio em árabe) que recusa se inclinar diante de Adão, *o lamacento*, o humano feito de areia, de sopro e de consciência. *Quando um homem mata um outro homem, é*

---

18. *Rahman* e *Rahim* derivam da mesma raiz: *rhm*, que remete à matriz da mãe. Alá é a grande matriz do universo; o significado *matriz* de *Rahman* é primeiro, mais originário do que o de misericórdia. *Rahman* é a fonte de toda vida e de toda bênção.

toda a humanidade que ele está matando; mais ainda, é a sua mãe que ele tortura e assassina.

O Evangelho nos lembra igualmente a lei do karma ou lei da causa e efeito; colhemos o que semeamos. Semeie a misericórdia e iremos colher misericórdia; "do julgamento com o qual julgares, vós sereis julgados".

Quando, em nome da pureza da raça, da tradição ou da religião nós nos damos o direito de matar, só podemos colher a violência e a morte. Apenas a misericórdia e o perdão podem nos fazer sair desse círculo vicioso, perverso e infernal. Não é essa também a oração de Yeshua: "perdoai-nos como nós mesmos perdoamos"? "Perdoar-nos uns aos outros (ser o que somos) até 77 vezes sete vezes" – nos diz o Evangelho – não é essa a única saída possível para que possamos viver juntos? Sem misericórdia, sem essa ternura que vem da matriz (das entranhas) e do coração, nossas relações são sem futuro. Sem falar de Beatitude, de Bem-aventurança, nenhuma felicidade, nenhuma vida é possível.

7

Em marcha aqueles que fazem a paz, porque eles serão reconhecidos como filhos de YHWH/Elohim

Bem-aventurados os artesãos da paz, porque eles serão chamados de filhos de Deus

A paz é um artesanato, uma arte de fazer; ou melhor, uma arte de *não fazer*, já que tudo o que nós sabemos fazer é a guerra, é nos afirmarmos às custas dos outros, ao invés de nos afirmarmos pelo serviço aos outros.

Só podemos nos reconhecer como filhos de YHWH/Elohim ou, como dizia Yeshua, "filhos do Pai", se todos nos reconhecermos como irmãos. Por vezes a fraternidade precede a paternidade; é nos reconhecendo como irmãos que descobriremos a origem que nos é comum; normalmente reconhecendo a origem que nos é comum que descobriremos irmãos e irmãs em humanidade.

Mas isso não parece evidente, como se fosse necessário primeiro um trabalho, um esforço para se fazer *irmão*, senão, mesmo tendo o mesmo pai, nós permanecemos irmãos inimigos ou *irmãos separados*[19].

Esse *esforço* é o que em árabe traduzimos por *Jihad*, essa palavra que para nós hoje evoca o terrorismo, o crime cego, o contrário de uma arte da paz.

No entanto, traduzir *Jihad* por *guerra santa* não está errado. O que é uma guerra santa? É uma guerra, um esforço, uma luta contra a cólera, a violência, o vício e todas as *inclinações ruins* que estão em nós.

Em hebraico, *santo* (*kavod*) evoca a *outridade*, a diferença; trata-se, de fato, de uma guerra *outra*, *completamente outra* do que a guerra destruidora que engendra a tristeza e o sangue. Afrontar o outro, entrar em atrito, descobrir a sua diferença não é ruim, é a própria condição para a aliança e para a paz; caso contrário, nossa paz não será nada além de uma ilusão, uma ficção, um verniz.

A guerra santa é o enfrentamento consciente, o cara a cara, é o santo encontro com o Real velado por nossos inconscientes e nossas ignorâncias. O Real que é Um e que faz de nossos *Eu sou* diferenciados um único *Nós somos*.

A paz supõe algumas passagens[20]: passar do *cogito separado* (Descartes), "Penso, logo existo" – portanto, eu sou eu, eu ao lado ou contra você –, ao *cogito poético* (Rimbaud):

---

19. Como dizemos a respeito dos ortodoxos, dos católicos e dos protestantes.
20. *Pessah* em hebraico, a Páscoa.

"Eu é um outro", um outro eu, um outro *Eu sou*, a mesma afirmação legítima do ser.

Talvez seja necessário passar ainda ao *cogito evangélico*: não basta pensar! *Métanoieté*[21], *Amo, logo nós somos*; a paz começa quando a espada entra em sua bainha, quando o pensamento volta ao seu coração, senão *quem se serve da espada perecerá pela espada*. A espada evangélica não serve para matar, mas para diferenciar, distinguir para melhor unir; é a espada da palavra e do discernimento, sem a qual nenhuma paz nem nenhum amor durável são possíveis.

Enquanto pudermos nos falar não haverá guerra; ser artesão da paz é aprender a falar diretamente com aquilo que nos dá medo. Relendo atentamente o Decálogo ou as *dez palavras* transmitidas por Moisés descubro uma arte rigorosa de *fazer a paz*, uma ética salutar que faz eco àquilo que vive e ensina Yeshua; eu tampouco saberia separar o humilde Monte das Bem-aventuranças dos montes do Sinai e do Horeb; é pela observação, atenção àquilo que é, que podemos imaginar essa arte da paz (cf. Anexo).

---

21. Passar além (*méta*) do pensamento, do pensamento do *eu separado*.

8

Em marcha os perseguidos pela justiça, porque o Céu e seu Reino serão deles

Bem-aventurados os que sofrem perseguição por causa da justiça, porque deles é o Reino dos Céus

Em marcha, se o insultarem, se o perseguirem, se disserem todo tipo de coisas ruins, por causa de mim, *Eu sou*; esteja na alegria, sua liberdade é vasta como o céu. Assim eram os *nabis* (aqueles que veem), os profetas, antes de vós.

Não há realmente justiça sem amor. Para se aventurar hoje em dia a viver e a falar de amor, particularmente deste amor infinito e incondicional que é o Deus revelado em Yeshua, o mestre das Bem-aventuranças, não podemos temer o ridículo, a zombaria ou até mesmo o insulto ou as calúnias.

A menos que precedamos o assunto com dois ou três capítulos sobre neurociência que comprovem os benefícios físicos, econômicos e políticos da compaixão, não devemos nos arriscar a simplesmente tecer determinados elogios. Por que o amor pela verdade e a justiça ainda continua a não ser amado?

O Cristo, nesta Bem-aventurança, não nos convida a fazer o papel de mártires, perseguidos, vítimas de uma sociedade com leis injustas que privilegiam sempre os ricos e os poderosos; Ele nos convida, pelo contrário, a nos mantermos de pé, com o espírito exigente, o coração valente diante das adversidades, permanecendo, assim, testemunhas pacientes (sentido primeiro da palavra *mártir*) do valor mais elevado, esse Amor que faz o homem humano.

No Livro do Apocalipse, é a força invencível e vulnerável do humilde amor (simbolizado pelo cordeiro) que triunfa sobre a força bestial da vontade de poder (simbolizada pelo dragão); isso é verificado pela paz que provamos quando nos mantemos em uma atitude justa, em conformidade com a ética que nos é própria, no próprio coração da tempestade. Quando ali permanecemos sem complacência, sem medo, mas também sem amargura e sem remorsos face aos nossos inimigos, compreendemos então que essa Bem-aventurança é a da liberdade; liberdade para com aquilo que o outro pode pensar de nós e dos seus julgamentos. Nada poderá entravar nossa ação inspirada por este *todo outro Amor* que nasce da calma; ele não busca nem a aprovação nem a glória, mas a adesão à sua própria consciência. Liberdade inusitada, fonte de alegria no meio de todo tipo de atribulação:

"Minha Vida, ninguém a toma, sou eu quem a dou", disse Cristo sobre a cruz. Palavras de Senhor, e não palavras de vítima; palavras de soberano, e não palavras de escravo.

A liberdade de dar, de se dar e de perdoar é nossa participação no próprio ser de Deus. A alegria sem objeto e o contentamento sem razão, sem motivo são armas que eu jamais vi no espírito e nas mãos de um terrorista, e, no entanto, é a única arma que pode vencer o mundo, *o adversário*.

Apenas um Bem-aventurado pode dizer em um mesmo sopro: "disse-vos essas palavras para que a minha alegria esteja em vós e a vossa alegria seja completa e perfeita [...] em mim (*Eu sou*). Este é o meu mandamento: amai-vos uns aos outros, como eu vos amo. [...] Referi-vos essas coisas para que tenhais a paz em mim. No mundo haveis de ter aflições. Coragem! Tende confiança! Eu venci o mundo"[22]. *Eu sou* está "no mundo e não é deste mundo"; aquele que ama em vós está livre desde sempre e para sempre, a graça de amar é sem limites. Não há outro sinal de vitória diante de todas as guerras, quer elas sejam físicas, psíquicas ou espirituais, do que a alegria: "Até agora não pedistes nada em meu Nome (*Eu sou*). Pedi e recebereis, para que a vossa alegria seja perfeita"[23].

Vocês não nasceram para morrer, vocês nasceram para renascer, para nascer novamente à Bem-aventurança.

---

22. Cf. Jo 15,11; 16,33.
23. Jo 16,24.

Métanoia e metamorphosis
O caminho das Bem-aventuranças

Pouco após o sermão sobre a colina, Yeshua convida seus discípulos a subirem a uma montanha ainda mais alta, o Monte Tabor, e participarem do estado de consciência e de luz no qual Ele se encontra. Isso supõe da parte dos discípulos uma *métanoia* de todo seu ser, a passagem a uma outra frequência, a entrada em um outro nível de realidade. Da mesma maneira, para que Motovilov possa ver Serafim de Sarov na luz, ele próprio deve ser transformado nessa mesma luz[24].

A partir do momento em que os discípulos se interrogam sobre o que eles estão vendo e querem *capturar* e *compreender* o incompreensível (Pedro queria fazer uma tenda

---

24. "Olhai, para que possais me ver nesta luz, vós também deveis estar nesta luz" (cf. *L'Entretien avec Motovilov* (Entrevista com Motovilov). Arfuyen, 2002). É válido observar que esta experiência de *transfiguração* acontece em um espaço onde, alguns anos mais tarde, foram descobertas as fórmulas que permitiram que a bomba atômica existisse. Cf. SAKHAROV, A. *Mémoires* (Memórias). Seuil, 1995. A transmutação da matéria pode conduzir a uma teofania ou a uma catástrofe.

para permanecer ali), a luz desaparece, resta apenas *Yeshua sozinho*; da mesma maneira que na física quântica, quando nós observamos um pacote de ondas, este *despedaça-se* ou se reduz a partículas.

Para entrar na inteligência das Bem-aventuranças ou Beatitudes, uma outra metáfora da física contemporânea seria igualmente útil: a da não localidade e da justaposição de dois estados. O gato de Schrödinger está, *ao mesmo tempo*, morto e vivo; ele pertence a dois mundos diferentes, a dois níveis de realidade que lógica ou normalmente se excluem. Não podemos estar mortos e vivos ao mesmo tempo, é preciso escolher; não podemos ter boa saúde e estar doentes ao mesmo tempo; não podemos estar *no mundo e fora do mundo* ao mesmo tempo.

As Bem-aventuranças nos convidam a ser felizes no coração do sofrimento, do luto e das lágrimas, a estarmos satisfeitos no coração da falta (fome e sede).

Seguindo os passos de Yeshua, trata-se de "estar neste mundo, mas sem ser deste mundo"; como o Ressuscitado, trata-se de estar morto e realmente morto (enterrado) e continuar vivo. Paradoxos inaudíveis àquele que não fez a experiência da luz incriada no coração da matéria, àquele que não fez a experiência do não tempo no coração do tempo, àquele que não fez a experiência do não pensamento, ou do espaço silencioso, entre dois pensamentos. Novamente, a chave é a *métanoia*, a passagem além do conhecido; ou seja, além das representações mentais do Real que congelam, imobilizam e fazem *desmoronar* esse Real sempre em movimento, sempre ondulatório, reduzindo-o a um real mensurável e objetivo, restringido aos instrumentos sensoriais ou técnicos que o medem.

  É possível que seja tão simples assim?
O Bem-aventurado,
O Ser que é Vida, Luz, Amor.
Esse Ser está aqui, em todo lugar e sempre presente:
Eu estou vivo
Eu estou consciente
Eu sou desejo e dom
O Reino de Deus, Presença do Ser que é Vida-Consciência-Amor, está sempre presente em todo lugar.
A Vida dentro e fora de nós.
A Consciência dentro e fora de nós.
O Amor dentro e fora de nós.
Nos é dito: "Encontra o Reino de Deus e todo o resto te será dado em acréscimo".
Ou seja, encontra ou descobre o que está sempre presente e
está sempre aqui.
O Ser, que é a Vida da tua vida, a Consciência da tua consciência
E o Amor do teu amor: "Tu és isto".
Assim como o peixe "habita no oceano",
Tu habitas neste oceano que é Vida, Consciência e Dom.

Encontra a paz interior; ou seja, o Reino de Deus, a Presença do Ser que é Vida, Consciência, Amor em ti, e uma multidão será salva junto a ti; uma multidão poderá *respirar ao largo (Yesha) na tua presença.*

A presença do ser que é Vida, Consciência, Amor é plenitude e infinidade,

Ele preenche tudo em todos.
Como isso é possível?
Métanoiete.

Vai, coloca-te a caminho e permanece além do *nous*, além da fina ponta da tua alma constituída de pensamentos, de desejos, de emoções, de pulsões e de memórias.

Vai, coloca-te a caminho e permanece além ou dentro das formas-matéria que a Vida toma em ti; além ou dentro das formas-pensamento que a Consciência toma em ti; além ou dentro das formas amadas, desejadas que o Amor toma em ti.

O que existe além do *nous*?
O *pneuma*, o Espírito Santo!

Métanoiete; ou seja: além do *nous*, descubra o Espírito Santo, o reino de Espírito que religa em ti a tua vida à Fonte da Vida, tua consciência à Fonte da Consciência, teu desejo à Fonte do Amor.

O Espírito Santo religa o Filho ao Pai, *Eu sou* está na Fonte do *Eu sou*. O objetivo da vida cristã ou da vida humana é realmente "o acolhimento do Espírito Santo", como dizia Serafim de Sarov.

Viver no Espírito Santo é viver além do *nous* no Reino de Deus. A presença do Ser, que é Fonte de toda vida, de toda consciência e de todo amor.

Através da *métanoia* nós passamos do mundo dos pensamentos ao mundo da Consciência, do mundo dos desejos ao mundo do Amor, do mundo dos objetos ao mundo das presenças (o Reino).

Pela *métanoia* nós passamos do mundo da agitação ao centro da calma (a paz interior), nós passamos do mundo da ocupação ao reino da vacância (liberdade), nós passamos no coração desta vida mortal à consciência da vida eterna, nós descobrimos o não tempo no coração do tempo.

O claro Silêncio que está antes, durante e além dos nossos ruídos, barulhos, agitações e pensamentos. O claro Silêncio que está antes, durante e além de todas as nossas emoções e de todos os nossos desejos.

O claro Silêncio que está aqui, antes, durante e além de todas as nossas inspirações e de todas as nossas expirações.

> Rabi, onde habitas?
> Vem, veja: eu sou/estou aqui.
> Eu sou/estou em todo lugar e sempre aqui.

Será que poderíamos traduzir em uma linguagem mais contemporânea a realidade daquilo que o Evangelho chama de Reino e seu clima, que é Bem-aventurança e Beatitude?

Hoje em dia falaríamos de uma *pura consciência* ou de uma *pura presença*, do Um ou do Real que permanece, quaisquer que sejam as formas flutuantes e variadas que o manifestem.

Evocaremos, então, a página em branco, que permanece sempre e em todo lugar branca, sob as garatujas ou sob as escrituras sagradas que podem ser inscritas nela. Falaremos do fundo do oceano, que permanece sempre calmo, quaisquer que sejam as tempestades que se agitem na superfície. Observaremos esse espaço claro e silencioso entre dois pensamentos ou entre o inspirar e o expirar, o expirar e o inspirar.

Diversas observações que dão testemunho da existência de um fundo, de um espaço que, caso o experimentemos, nos comunicará alguma coisa da sua liberdade, da sua claridade, da sua clareza e da sua paz. Para dizer de outra maneira, no silêncio das percepções, dos afetos e dos conceitos encontra-se a Beatitude e a Bem-aventurança. Se, de acordo com a OMS (Organização Mundial da Saúde), o *silêncio dos órgãos* é sinal de saúde, o silêncio dos pensamentos é sinal de *grande saúde*, de salvação (*soteria* – em grego; esta palavra indica tanto *salvação* quanto *saúde*).

A *métanoia* ou a meditação é o meio de acesso a esse silêncio, que está sempre aqui e está presente em todo lugar.

Não se trata de *fazer* silêncio, mas simplesmente de parar de fazer barulho, assim como não se trata de *fazer* o vazio, mas simplesmente parar de estorvá-lo. A ação justa ou o movimento justo só pode nascer desse silêncio, dessa calma que vem do *fundo*. Ele não é mais, então, um obstáculo à calma e à Beatitude; ele é a sua expressão. Portanto, o mundo não é mais aquilo que nos encobre o Real, mas aquilo que lhe dá substância e *carne*.

A verdadeira ação revolucionária ou evolucionária é a que nasce da calma e do silêncio, e isso supõe a *métanoia* do homem em marcha; cada um dos seus passos está em relação, em interconexão com a Fonte da sua vida, da sua consciência e do seu desejo.

Ele pode, então, *passar pelo mundo* sem produzir incômodo; ele permanece em paz; o sol ou o claro silêncio que ele reconheceu em si mesmo (a Beatitude, o reino) brilha sobre o ouro, assim como sobre o lixo; sobre os justos, assim como sobre os injustos; sobre aqueles que o elogiam, assim como sobre aqueles que o caluniam; sobre aqueles que o acariciam, assim como sobre aqueles que o torturam e o perseguem. Não é apenas nobre indiferença ou força de vontade, mas humilde ancoragem na essência abençoada e bem-aventurada, vivificante e intemporal do seu ser. Ele carrega em si um raio, um relâmpago que as trevas não podem alcançar ou apagar.

Se Deus está em todo lugar e está sempre presente, onde poderei buscá-lo, onde poderei encontrá-lo? "O primeiro passo que faço em sua direção me afasta dele", dizia o místico. Mas, na verdade, eu não posso nem me aproximar nem me afastar do Real; quer eu faça um passo em sua direção ou permaneça imóvel, isso não mudará a realidade; Ele está sempre presente em todo lugar. Agir ou não agir são duas maneiras de fazer existir a Existência, de viver a Vida que continua sendo o que ela é. O importante, sem dúvida, é o prazer e a consciência do que temos a fazer ou a não fazer, a buscar o Real em outro lugar ou em saboreá-lo aqui. No instante em que é observada, a onda *se esvai* em partícula; a partir do momento em que fazemos uma escolha, o fluxo da vida *se esvai* em ação ou em objeto.

O menor dos nossos pensamentos, qualquer que seja a sua intensidade, é um *esvaimento*, um *colapso* da consciência pura; mas esse esvaimento ou colapso é sempre o da consciência, e nada pode impedir seu fluxo.

Com o pensamento, o eterno entra ou se esvai no tempo, mas o eterno contém todos os tempos (os bons e os ruins); ele se ergue (*anastasis*) acima de todos os nossos colapsos. É isso que tentam testemunhar aqueles que vivem no *espírito* das Bem-aventuranças ou Beatitudes.

"Vim ao mundo para dar testemunho da verdade." Nossa existência é um testemunho pesado ou leve da Existência. Nossa consciência é um testemunho luminoso ou obscuro da Consciência. Nossa vida é um testemunho intenso ou disperso da Vida. Testemunhar o Real não é próprio dos que creem ou dos humanos. Cada planta e cada animal testemunham à sua maneira: *Eu sou*. É esse *Eu sou* em sua ipseidade que se trata de reconhecer em cada existência, e essa maneira de existir, única, não separa jamais da totalidade da Existência. O Real, como o Amor, em um mesmo movimento, nos diferencia e nos unifica. A observação ou a consciência do Real, um e múltiplo, manifestado e não manifestado, explícito e implícito, obriga-nos a abordá-lo de uma maneira não binária. Há uma lógica dos contraditórios, uma ciência das antinomias e uma sabedoria da aporia; isso pode nos conduzir a essa alegria sem causa e sem fundamento, à *Beatitude* sem fundo, próxima da de Serafim de Sarov ao saudar a todos que se aproximavam: "Minha alegria, Cristo ressuscitou".

Minha alegria (a Vida) não morre, ela é eterna; *Eu sou* é a Vida. Minha alegria (a Luz) não se apaga; *Eu sou* é a Luz do mundo. Minha alegria (o Amor) não morre; ninguém pode tirar aquilo que você deu.

Eu sou é o Bem-aventurado, o Vivente em marcha, Fonte da tua paz e de toda paz. O importante nem sempre é conhecer o destino do caminho, mas saber com quem caminhamos. Aqui, o Real está aqui; aqui, *Eu sou* está aqui. Ele está aqui, sempre presente em todo lugar, o Invisível, relâmpago impassível e doce que queima diante e por trás dos nossos olhos.

A natureza de Deus é a graça

A gratuidade, a não causalidade, o que é da ordem da graça, escapa às leis da natureza ordinária; ou seja, às leis da causalidade. Podemos ler as Bem-aventuranças segundo a lógica da natureza. Somos bem-aventurados *porque* somos pobres; satisfeitos *porque* temos fome e sede de justiça. Vemos a Deus *porque* temos o coração puro. Somos filhos de Deus, possuímos o Reino *porque* somos artesãos da paz ou perseguidos em nome da justiça.

Se lermos as Bem-aventuranças segundo a ordem da graça, não há causalidade, uma não é consequência da outra. O Bem, a Beatitude, a Bem-aventurança não são consequência desta ou daquela atitude; elas se *justapõem*, por assim dizer, à felicidade, assim como ao infortúnio; a Bem-aventurança é acausal, ela é da ordem da graça. Da mesma maneira, a *grande Saúde* não depende dos nossos cuidados pessoais, médicos ou outros; ela permanece tal qual é no coração das nossas tribulações. Ser pela graça o que Deus é por natureza é aceder a essa grande Saúde, a essa Beatitude ou Bem-aventurança acausal.

Esse *salto quântico* é uma bela metáfora desse *salto pascal*[25] ao qual nos convida o Mestre e Senhor; salto impossível de ser feito por nossas próprias forças, irrealizável pela nossa

---

25. *Pessah*, em hebraico, quer dizer *o salto, o pulo*; não estaríamos falando aqui também de uma *metanoia*, de um salto, de um pulo *além do conhecido*?

própria vontade. É a graça que advém quando nós paramos de nos identificar com a nossa natureza; ou seja, com o nosso *karma* ou encadeamento de causas e efeitos.

A caminho!, em marcha!, não é apenas mais um convite a seguirmos em frente, mas um convite a mergulharmos para dentro, a irmos para lá onde nada nem ninguém podem ir, a caminharmos sobre o caminho que é sem caminho, a abrirmos a porta que está sem porta; paradoxos familiares aos sábios orientais que abalam seriamente os *terceiros excluídos* das nossas lógicas aristotélicas.

Jamais conseguiremos repetir o bastante: a Beatitude ou Bem-aventurança é da ordem da graça – ou seja, da gratuidade sempre aleatória e imprevisível –, e não da ordem da natureza – ou seja, da ordem da necessidade sempre aguardada e previsível. Não é essa a velha antinomia do acaso e da necessidade? Estaríamos dizendo, então, que a Beatitude e a Saúde são da ordem do acaso e do arbitrário? Não seria o acaso o nome da graça ou de Deus quando nos encontramos diante daquilo que não conseguimos compreender, diante daquilo que revela um outro nível de realidade?

A Beatitude, a Bem-aventurança, a grande Saúde são a graça que habita além de todas as nossas causalidades e além daquilo que chamamos de *contrários*: vida/morte, dor/prazer, bem/mal.

As Bem-aventuranças podem ser consideradas uma *medicação quântica*, um *pharmakon* por vir, pois elas nos tornam livres das leis da natureza e da causalidade.

Nossa verdadeira natureza, à imagem da natureza de Deus, é a graça. *Eu sou* é a *Ressurreição e a Vida*, quaisquer que sejam nossas enfermidades. Em alguma parte, em um não lugar de nós mesmos, em um puro espaço, um puro silêncio, nós estamos desde sempre e para sempre livres e *salvos*[26].

Penso naquele homem ao qual perguntaram: "O que pensas de Yeshua, o crucificado, o ressuscitado de Jerusalém, o mestre das Bem-aventuranças?"

Ele respondeu: "Não penso nada, eu o amo. Ele é o Amor, a Verdade, a Vida..."

> Sê sábia, ó minha dor,
> Ouvi a Vida, a grande Vida que caminha.

---

26. Literalmente, *Yesha*: nós respiramos ao largo.

Anexo
O Decálogo, uma arte de fazer a paz

1 e 2) Tendo observado que a oposição entre religiosos e religiões está na fonte dos conflitos das guerras mais sangrentas, eu não quero impor-lhe nenhum Deus, nenhum ídolo – ou seja, nenhuma imagem ou representação do Absoluto –, e ao mesmo tempo eu respeito cada uma das imagens e das representações do Absoluto que você conseguiu forjar a partir da sua experiência, do seu pensamento ou da sua imaginação.

Respeito todas essas *ideias* e todos esses deuses, e não adoro nenhum – apenas o Absoluto é Absoluto, e Ele é irrepresentável, inconcebível, inalcançável, incompreensível, infinito... *Ele é o que Ele é*. Ele é *Eu sou*, a liberdade em cada um de nós. Ele é o Real que nos falta e nos une. Ele é o invisível, o espaço entre nós, entre todos.

3) Tendo observado que é em nome de um Deus particular, imposto como universal, em nome de um Bem particular, imposto como universal, que foi possível oprimir e destruir povos e civilizações, eu renuncio a invocar meu Deus, ou minha imagem do Verdadeiro, do Belo e do Bom, contra ti, teu Deus, e as imagens daquilo que consideras, segundo tua cultura e tua herança, como o Verdadeiro, o Belo e o Bom.

Eu declaro a paz possível entre nós, já que compartilhamos nossa ignorância mais do que nossos saberes e nossas experiências do Infinito sempre marcadas pela nossa finitude. Eu prefiro o asilo desta *douta ignorância* compartilhada aos campos de batalhas dos nossos *pseudoconhecimentos* impostos.

4) Tendo observado os impasses nos quais nos conduz a busca do progresso e da produção a qualquer preço[27], eu quero colocar limites ao meu desejo sem fim de enriquecimento e de exploração.

Eu quero conceder todas as semanas um tempo de gratuidade e de repouso (*shabbat*); essa graça da paz e do repouso eu quero também respeitá-la em ti. Que paremos juntos de fazer e de produzir, dar também à terra, às plantas, aos animais, um tempo de lazer e de liberdade, parar de consumir para melhor comungar com tudo o que vive e respira,

---

27. Passado um certo limiar no desenvolvimento, o *progresso* parece voltar-se contra si mesmo, a medicina corrompe a saúde, a escola emburrece, o transporte imobiliza, as comunicações nos tornam surdos e mudos, os fluxos de informações destroem o sentido, o recurso à energia fóssil ameaça destruir toda vida a futura, e a alimentação industrial se transforma em veneno. Cf. DUPUY, J.-P. *Pour un catastrophisme éclairé*: quand l'impossible est certain (Por um catastrofismo esclarecido: quando o impossível é certo). Seuil, 2002, p. 26.

pois o homem não é feito apenas para a ação e o trabalho, mas também para a contemplação, para a abertura desinteressada a tudo o que ele encontra; é nessa abertura que ele descobre a sua essência e o dom do Ser que o faz ser.

5) Tendo observado que os conflitos entre pai e filho, mãe e filha, irmãos e irmãs estão na origem dos maiores sofrimentos e das mais íntimas violências. Eu quero fazer a paz e honrar meu pai, minha mãe, meus irmãos e minhas irmãs. Não há paz para aquele que não se reconciliou com a sua família e os seus ancestrais; é como uma árvore que gostaria de crescer sem honrar suas raízes.

Honrar nem sempre é amar; é dar àqueles através de quem a vida nos foi dada seu *peso justo* – nem demais, nem de menos. Demais nos tornaria estéreis e nos impediria de crescer; de menos nos conduziria à ilusão e ao desconhecimento de nós próprios. Tanto em um caso quanto em outro, não há paz.

Fazer a paz com seus pais, estar em harmonia com os seus próximos é uma das condições para a nossa saúde, nossa felicidade e a felicidade de todos.

6) Tendo observado que o assassinato conduz a outros assassinatos e que a resposta a uma violência frequentemente é ainda mais violência, eu quero ser livre do assassino que vive em mim, e, para isso, preciso, primeiro, reconhecer a sua presença. Antes de matar através das ações, eu posso matar pelo pensamento, desprezo e julgamentos. Descobrir em mim o que está na origem de todas as guerras: a não acei-

tação do outro em sua irredutível diferença e o não reconhecimento da Vida que nos é comum, do Sopro que nós compartilhamos. Julgar o outro é julgar a mim mesmo; matar o outro é matar a Vida que nós somos juntos.

Não matar em pensamento, nem em palavras e nem em ação é o grande exercício daquele que quer fazer a paz. Aceitar estar machucado ao invés de machucar é participar da força invencível e vulnerável do humilde amor, é ser vencedor sem fazer nem vencidos nem vítimas, é conhecer a paz, mas não como o mundo a dá; é essa paz que eu busco e persigo com você.

Tendo observado que o assassinato e a violência nascem de um espírito agitado, insatisfeito e ciumento, eu quero acalmar meu espírito e considerar o outro e a terra como eu mesmo, com doçura, suavidade e mansidão...

7) Tendo observado que o adultério está na fonte do sofrimento, da ruptura e da desordem que expulsam qualquer paz do coração e do espírito e que levam por vezes à vingança, ao crime e à calúnia; tendo observado que os prazeres encontrados no adultério não valem aqueles de uma paixão incessantemente renovada no coração da fidelidade e da confiança entre dois seres, eu quero estar em paz com a pessoa que eu escolhi amar e com quem eu posso compartilhar minha vida.

Se isso não for possível, nós podemos nos separar ao invés de sermos infiéis um ao outro. É preciso nos amar o suficiente para reconhecermos nossa impossibilidade de vivermos juntos e nos devolver, um ao outro, nossa liberdade. Não há adultério pior do que se enganar ou iludir a si mesmo. Ser fiel a si mesmo é a condição para ser fiel ao outro; sem essa fidelidade não há paz em nós nem entre nós.

Essa paz entre nós alimenta-se de pensamentos, de palavras, de gestos e de atos compartilhados. Nossa fidelidade alimenta-se da alegria e da profundidade das nossas trocas. Não se trata de se colocar a corda no pescoço, mas de coroar-se um ao outro. Amar alguém é renunciar a tê-lo, a fazer do outro um bem. A paz são duas liberdades que se inclinam uma diante da outra.

8) Tendo observado que não há paz nem segurança para os ladrões e que o roubo ou a apropriação dos bens do outro conduzem ao ódio, à violência e muitas vezes à guerra, eu decidi ser feliz com o que possuo, fazendo-o frutificar. "Deseja tudo o que possuis e terás tudo que o desejas."

Tendo igualmente observado que *bens mal adquiridos nunca trazem benefício* e que cultivar o supérfluo enquanto falta o necessário a alguns é uma forma de roubo, eu prefiro ser menos rico e compartilhar o que possuo com a paz no coração, ao invés de acumular bens não necessários com a insatisfação, a angústia ou o temor no coração.

Eu também prefiro ser generoso com o dinheiro que ganhei ao invés de ser generoso com o dinheiro que outros ganharam no meu lugar através do seu trabalho. A honestidade é um outro nome para a abundância e a paz.

9) Tendo observado que as mentiras, as calúnias e outros falsos testemunhos estão na origem de vários problemas em nós mesmos ou na sociedade, eu faço a escolha de dizer o que considero como sendo a verdade; ou seja, como sendo conforme àquilo que é tal qual eu percebo; eu não pretendo saber o que é *a* verdade. Eu tento ser verdadeiro; ou seja, tento não mentir a mim mesmo.

Em um derradeiro nível, não mentir seria não utilizar a mente e, portanto, permanecer em silêncio. Tendo observado a dificuldade em manter minha mente silenciosa – ou seja, a não interpretar o que me acontece, a não acrescentar construções mentais (pensamentos ou imagens) àquilo que é –, eu escolhi me calar o máximo possível e ser lúcido ao utilizar a palavra: É a verdade, mas não toda.

Em todo caso, abster-se de todo julgamento sobre outra pessoa – ou seja, de toda projeção do que considero como bem ou mal –, lembrando-me das palavras: "Do julgamento com o qual julgardes, vós mesmos sereis julgados".

Quanto a prestar falso testemunho sobre alguém, esse é o início do crime; quantos foram mortos ou caíram no desespero devido a simples rumores? Ter domínio sobre a língua e a linguagem é sem dúvida algo difícil, mas sem esse domínio não existe paz.

10) Tendo observado que a cobiça daquilo que chamamos hoje em dia de *o desejo mimético* está na raiz de todos os males, de todas as violências e de todas as guerras; ao invés de querer possuir o que o outro tem, eu prefiro compartilhar o que tenho e o que eu sou; existe aí uma fonte de liberdade e de paz.

É apenas por meio do dom e da generosidade que eu posso me libertar da cobiça. Existir, amar, não a partir da minha falta ou da minha carência, mas a partir da minha plenitude, é o segredo. Essa plenitude nunca nos falta, é a presença do *Eu sou* em mim, *o Ser que é o que Ele é e que me faz ser neste instante*; esse *Eu sou* que está na origem do decálogo; a inspiração, o Sopro dessas dez palavras que nos convidam a fazer a paz.

Eu sou é a Vida, o Vivente, o Bem-aventurado no coração do infortúnio que eu sou; o Self no coração do eu, o centro imóvel e em paz no coração do ciclone.

Tendo observado que é preciso primeiramente experimentar sua presença e sua beatitude no mais íntimo de mim para me libertar de toda cobiça, só peço para acolhê-la, para ser *consciência de ser Eu sou*. A paz é alguém, um desconhecido no mais profundo de mim e de ti; vamos ao seu encontro ou nos deixemos ser encontrados por ele. Todo o resto nos será dado em acréscimo.

A revolução que conduz à revelação dessas dez palavras é mais radical e interior do que eu pensava. Não é apenas uma revolução ética; trata-se realmente de uma *métanoia* essencial: mudar de espírito, viver não a partir do pequeno eu, mas a partir do Self, ou da Consciência infinita na qual nós temos a vida, o movimento e o ser.

*

- *Shalom*, a paz esteja convosco, é a primeira palavra de Yeshua aos seus discípulos.
- *Shalom*, em hebraico, quer dizer *estar inteiro*. Nós não estaremos em paz enquanto não formos *inteiros*, inteiramente nós mesmos.
- "Encontra a paz interior e uma multidão será salva ao teu lado"[28].

---

28. Cf. Serafim de Sarov, apud LELOUP, J.-Y. *Faire la paix* – Paroles et paraboles pour la paix (Fazer a paz – Palavras e parábolas para a paz). Albin Michel, 2016.

CULTURAL

Administração
Antropologia
Biografias
Comunicação
Dinâmicas e Jogos
Ecologia e Meio Ambiente
Educação e Pedagogia
Filosofia
História
Letras e Literatura
Obras de referência
Política
Psicologia
Saúde e Nutrição
Serviço Social e Trabalho
Sociologia

CATEQUÉTICO PASTORAL

Catequese
Geral
Crisma
Primeira Eucaristia

Pastoral
Geral
Sacramental
Familiar
Social
Ensino Religioso Escolar

TEOLÓGICO ESPIRITUAL

Biografias
Devocionários
Espiritualidade e Mística
Espiritualidade Mariana
Franciscanismo
Autoconhecimento
Liturgia
Obras de referência
Sagrada Escritura e Livros Apócrifos

Teologia
Bíblica
Histórica
Prática
Sistemática

REVISTAS

Concilium
Estudos Bíblicos
Grande Sinal
REB (Revista Eclesiástica Brasileira)

VOZES NOBILIS

Uma linha editorial especial, com importantes autores, alto valor agregado e qualidade superior.

VOZES DE BOLSO

Obras clássicas de Ciências Humanas em formato de bolso.

PRODUTOS SAZONAIS

Folhinha do Sagrado Coração de Jesus
Calendário de mesa do Sagrado Coração de Jesus
Almanaque Santo Antônio
Agendinha
Diário Vozes
Meditações para o dia a dia
Encontro diário com Deus
Guia Litúrgico

CADASTRE-SE
www.vozes.com.br

EDITORA VOZES LTDA.
Rua Frei Luís, 100 – Centro – Cep 25689-900 – Petrópolis, RJ
Tel.: (24) 2233-9000 – Fax: (24) 2231-4676 – E-mail: vendas@vozes.com.br

UNIDADES NO BRASIL: Belo Horizonte, MG – Brasília, DF – Campinas, SP – Cuiabá, MT
Curitiba, PR – Fortaleza, CE – Juiz de Fora, MG – Petrópolis, RJ – Recife, PE – São Paulo, SP